CHAMBRE DE COMMERCE

DE TOURS

LÉGISLATION

RELATIVE AUX

TRANSPORTS DE MARCHANDISES

Article 103 du Code de Commerce

RAPPORT ET DÉLIBÉRATION

Séance du 19 octobre 1878

TOURS

ERNEST MAZEREAU, IMPRIMEUR

Rue Richelieu, 13

CHAMBRE DE COMMERCE

DE TOURS

LÉGISLATION

RELATIVE AUX

TRANSPORTS DE MARCHANDISES

Article 105 du Code de Commerce

RAPPORT ET DÉLIBÉRATION

Séance du 19 octobre 1878

TOURS

ERNEST MAZEREAU, IMPRIMEUR

Rue Richelieu, 13

LÉGISLATION

RELATIVE AUX

TRANSPORTS DE MARCHANDISES

Aujourd'hui dix-neuf octobre mil huit cent soixante-dix-huit, la chambre s'est réunie, sous la présidence de M. Eugène Goüin, O. ✳, sénateur.

Étaient présents : Messieurs Alfred Mame, C. ✳, vice-président ; Raymond Roze ✳, Bienvenu, Chambert, Fey ✳, A. Gillet, Paul Lesourd et Martin-Abot, membres.

L'ordre du jour appelle le rapport de la commission chargée de l'étude des modifications à apporter aux lois sur les transports par voies ferrées.

M. le Président donne la parole à M. Paul Lesourd (1), rapporteur, qui s'exprime en ces termes :

MESSIEURS,

Au cours de votre dernière séance, il a été déposé sur le bureau de la Chambre, un rapport fait, au nom du Syn-

---

(1) M. Paul Lesourd est président du Tribunal de Commerce de Tours, en même temps que membre de la Chambre.

dicat du Commerce du département d'Indre-et-Loire, sur les difficultés que soulève l'exploitation des Chemins de fer, et vous avez chargé de l'examiner une commission qui a bien voulu me nommer son rapporteur.

Le rapport de M. Gilbert, Messieurs, traite un grand nombre de questions qui ne sont pas nouvelles pour la Chambre. Si les rapports des compagnies de chemins de fer avec le commerce sont devenues depuis quelques années assez tendus, non-seulement vous n'êtes point restés indifférents aux doléances qui ont pu vous parvenir au nom des intérêts que vous représentez, mais, saisis directement par plusieurs de vos membres de la plupart de ces questions, vous les avez souvent traitées déjà, avec tout le soin qu'elles comportent, et vous avez adressé aux ministres compétents les vœux que pouvait vous suggérer leur examen.

Je n'en veux pour preuve que les nombreuses délibérations que votre commission a retrouvées sur vos registres et qui, au nombre de plus de 20, traitent presque toutes les questions soulevées par le rapport de M. Gilbert.

Je ne vous étonnerai pas, Messieurs, en ajoutant que vos conclusions ont toujours été à peu près les mêmes que les siennes ; car de quoi s'agit-il ? de ces problèmes sans cesse renaissants que soulève le régime actuel des chemins de fer et des difficultés que rencontre chaque jour le commerce en présence des grandes compagnies dont l'omnipotence et (il faut bien le dire) le défaut de la part de l'État d'un contrôle suffisant ont encouragé les prétentions ; sur ce terrain-là, en rapports journaliers avec tous ceux qui travaillent, confidents naturels de leurs griefs, commerçants vous-mêmes, vous ne pouvez qu'être d'accord avec ceux qui vous expriment au nom du commerce des plaintes dont vous vous êtes souvent faits les interprètes.

Sans doute la Chambre ne laissera probablement pas échapper l'occasion qui se présente de s'associer à des vœux qu'elle a déjà formulés elle-même, mais, laissant de côté toutes les questions qui ont fait l'objet de vos délibérations antérieures, telles que : Délais pour l'enlèvement des marchandises — conditions de déchargement et de chargement — ouverture et fermeture des gares — nécessité de consulter les intéressés pour tout changement de tarifs et règlements, etc., etc., nous nous bornerons, Messieurs, à attirer votre attention sur une question d'une importance aujourd'hui de premier ordre, qui a fait ici dans nos conversations l'objet de nombreuses observations, mais que la Chambre de commerce de Tours n'a jamais traitée officiellement, c'est celle que soulève l'interprétation de l'article 105 du Code de commerce.

Le réseau des chemins de fer en prenant, depuis quelques années, l'accroissement que vous savez, a créé aux grandes compagnies des concurrences que par tous les moyens possibles elles ont cherché à combattre. C'est ainsi que vous avez vu les marchandises détournées de la voie la plus directe pour être soustraites au transport des petites compagnies secondaires. Le commerce qui voyait se créer enfin ces voies longtemps désirées, sur lesquelles il avait fondé l'espérance de transports plus économiques et plus prompts, n'admit pas que sa marchandise lui arrivât autrement que par le chemin qu'il avait sous la main, et qui était naturellement destiné à la lui amener. De là une première et sérieuse difficulté qui a fait naître entre le commerce et les chemins de fer une lutte dans laquelle ces derniers ont jusqu'ici triomphé pour deux motifs bien faciles à comprendre :

D'abord, parce que les règlements administratifs qui n'ont pu tout prévoir, interprétés rigoureusement, imposent aux négociants des prescriptions absolument irréalisables dans la pratique.

Puis, parce que la législation, en ce qui touche le transport des marchandises, a été faite il y a 70 ans pour le roulage auquel se sont substitués les chemins de fer, et ne répond plus ni aux habitudes, ni aux relations établies entre les transporteurs d'aujourd'hui et le public pour lequel ils opèrent.

Or, il vous suffira, Messieurs, de vous représenter par la pensée, d'une part, le commerce voulant à tout prix utiliser à son profit les nouveaux réseaux, de l'autre les grandes compagnies cherchant à retenir par tous les moyens le trafic que l'on cherche à leur enlever et alors : Les règlements toujours invoqués ;

Les questions de principe soumises aux tribunaux;

Les exigences administratives imposées partout, — pour comprendre à combien de réclamations difficiles à établir et surtout à faire triompher se trouve ainsi condamné le commerce qui a si grand besoin de vivre en paix, loin des tribunaux et à l'abri de toute difficulté judiciaire !

C'est dans l'entraînement de cette lutte devenue ardente de part et d'autre, qu'obligées depuis quelques années de faire des restitutions énormes, dont nous vous avons plusieurs fois entretenus, dont l'importance vous a surtout étonnés, et qui donnent la mesure de tous les préjudices éprouvés par le commerce, les compagnies de chemins de fer ont eu la pensée d'opposer à ces réclamations, que le succès faisait toujours grossir, un moyen libératoire tiré de l'article 105 du Code de commerce qui est ainsi conçu :

« La réception des objets transportés et le payement du « prix de la voiture éteignent tout recours contre le voi- « turier. »

Opposer cette fin de non-recevoir à toute réclamation quelle qu'elle soit — erreur de direction ou fausse application de tarif — refuser ainsi *toute restitution de sommes indûment perçues* tout en conservant le droit de réclamer les erreurs faites à leur préjudice, parut de la part des compagnies une prétention que repoussait assurément la plus vulgaire équité et que ne pourraient jamais sanctionner les tribunaux.—En effet, au début, la plupart des tribunaux de première instance furent à peu près unanimes pour les condamner en disant :

Que l'article 105 est une dérogation aux principes de droit commun posés par les articles 1235, 1376 et 1382 du Code civil, — qu'il n'empêche en rien la répétition de l'indû, — qu'il est intimement lié et limité aux articles 103 et 104 du Code de commerce qui précisent les points sur lesquels la responsabilité des voituriers porte directement, c'est-à-dire la perte des objets transportés, les avaries et le retard dans la livraison.

Mais la cour de cassation a fini par admettre le système des compagnies, et par deux arrêts en date du 25 avril 1877 elle a décidé que la réception des objets transportés et le payement du prix de la voiture rendent le destinataire non recevable à l'égard des compagnies de chemins de fer pour toute demande *fondée sur une faute qui aurait été commise dans le mode même d'exécution du contrat de transport*, ce qui équivaut à la non-recevabilité de toutes espèces de réclamations, sauf celles qui tendent à la rectification d'erreurs matérielles dans l'application ou dans le calcul des taxes, circonstances pour lesquelles la cour maintient le principe du droit commun.

Pour qui connait les questions de chemins de fer, il est hors de doute qu'une semblable jurisprudence met désormais le public et le commerce à la complète discrétion des compagnies; les erreurs de leurs employés leur profiteront quand elles ne sont pas à leur préjudice; elles sont ainsi

maîtresse de la direction des marchandises, qu'elles peuvent, aux frais des destinataires, au détriment des petites
compagnies, faire à leur gré indéfiniment voyager sur leur
réseau, sans que le propriétaire des objets transportés
soit libre de leur faire suivre la voie la plus directe et
partant la plus économique.

Mais, dira-t-on, pourquoi payer la lettre de voiture
avant l'enlèvement de sa marchandise? — Ne payez pas ou
faites des réserves, et les compagnies ne pourront pas,
quand vous réclamerez, vous opposer l'article 105.

C'est ici, Messieurs, qu'il faut véritablement être en relations quotidiennes avec les chemins de fer, connaître
par soi-même la rapidité en quelque sorte vertigineuse
avec laquelle se passe tout ce qui constitue et accompagne
la livraison des marchandises, puis le nombre incalculable
des tarifs que la plupart du temps ne connaissent même
pas les employés chargés de les interpréter, les combinai-
sons si variées de leur application qui ne peuvent que
faire l'objet d'une étude longue, attentive et sérieuse, pour
comprendre l'impossibilité absolue où se trouve le destinataire, avant le payement de la lettre de voiture et l'enlèvement d'une marchandise impatiemment attendue, de faire
la vérification qui seule lui permettrait de savoir s'il paye
ce qu'il doit, — oui, il faut le dire, Messieurs, dans la pratique de chaque jour, CELA EST ABSOLUMENT IMPOSSIBLE.

Peut-on alors faire des réserves? Pas davantage. Les
compagnies les refusent, à moins qu'elles ne portent sur un

point précis, et pour les formuler ainsi il faudrait juste-
ment procéder à l'examen approfondi que nous décla-
rons plus haut irréalisable.

Nous en avons du reste tenté l'expérience, mais ainsi
que nous nous y attendions bien, la compagnie d'Orléans
s'est formellement refusée à admettre notre payement
avec la mention suivante : « *Sous réserve de la vérification des tarifs appliqués.* » Nous avons alors assigné la
compagnie après lui avoir fait sommation de livrer la
marchandise en acceptant ces réserves, l'affaire est
pendante, mais un recours en cassation, en cas de succès,
nous est indubitablement réservé avec son contingent
naturel de démarches, de préoccupations et de frais con-
sidérables.

Une telle situation peut-elle, non pas durer, mais même
se prolonger longtemps? La Chambre appréciera; quand à
votre commission, elle ne le pense pas, et, d'après elle,
poser la question c'est la résoudre.

Ne critiquons pas Messieurs, des arrêts qui ont droit au
respect de tous. La cour suprême interprète la loi et nous
devons nous incliner devant ses décisions. — Mais pour
que la loi conserve précisément toute l'autorité qui lui est
nécessaire, il faut que ses prescriptions soient en parfaite
harmonie avec les usages, les mœurs, les habitudes de
ceux à qui elles s'imposent. L'une ne peut rester immuable
quand les autres se modifient, et l'un des devoirs les plus
impérieux en même temps que les plus délicats du législa-

teur, est de savoir maintenir le rapport qui doit exister entre les unes et les autres.

Tant qu'il en est ainsi, les décisions judiciaires s'imposent à ceux-mêmes qui ont vingt-quatre heures pour maudire leurs juges. Mais lorsqu'au contraire une législation ne répond plus aux situations qu'elle était destinée à régler et à sauvegarder, l'opinion publique s'émeut, les plaintes se généralisent, les intérêts froissés s'irritent au lieu de se soumettre, et des conflits regrettables se multiplient. C'est alors que doivent intervenir d'une part et en premier lieu ceux qui par leur position, leurs connaissances spéciales, peuvent reconnaître l'insuffisance de la loi et qui ont le devoir de la faire ressortir en la signalant à qui de droit, et de l'autre le législateur qui doit y suppléer s'il reconnaît que cela soit nécessaire.

Ces principes généraux admis, il est facile de les appliquer au sujet qui nous occupe.

La loi sur le roulage date de 1807. Dans le monde des affaires aucune situation s'est-elle jamais aussi profondément transformée que celle des transports ? — Est-il par conséquent aucune partie de notre législation qu'il soit plus urgent de modifier que celle qui réglait les devoirs et les obligations de voituriers qui sont aujourd'hui si loin de nous, et en signalant à qui de droit cette impérieuse nécessité, pouvez-vous, Messieurs, faire quelque chose de plus rationnel, de plus utile au commerce, de plus conforme à la mission qui vous est confiée ?

Une pareille mesure est assurément fort grave, et ce n'est pas à la légère qu'une compagnie comme la vôtre assume la responsabilité de la proposer ; mais votre commission a pensé qu'en présence de tous les documents que nous connaissons, du vaste dossier que ne manqueront pas de fournir toutes les Chambres de commerce, la question peut être considérée comme mûre et en état d'être soumise au législateur.

Du reste, en vous associant au vœu que nous vous proposons d'émettre à ce sujet, vous ne ferez que suivre un mouvement nettement dessiné et qui s'accentue chaque jour davantage.

Beaucoup de Chambres de commerce ont eu les mêmes préoccupations, et nous espérons que, votre intervention s'ajoutant à la leur, les pouvoirs publics pourront être saisis à la prochaine rentrée des Chambres d'un sujet méritant à tous égards et leur sollicitude et la vôtre.

Parmi les travaux qui nous sont parvenus, il en est un que nous croyons devoir recommander tout particulièrement à votre attention, c'est une délibération prise à la date du 5 juin 1878 par la Chambre de commerce de Troyes, dans laquelle le Président du tribunal de commerce de cette ville, qui est en même temps membre de la Chambre, a traité la question au point de vue juridique.

Il l'a fait de main de maître, beaucoup mieux assurément que n'aurait pu le faire votre rapporteur, et en prenant connaissance de ce remarquable travail, votre commission a été unanime pour vous proposer d'en adopter les conclusions, en réservant seulement ce qui concerne l'article 108 édictant une prescription de six mois qui, dans notre pensée, devrait être de deux ans.

En généralisant en effet les prescriptions de cet article qui, vous le savez, Messieurs, ne s'applique qu'aux pertes et avaries intervenues en cours de transport, ne faut-il pas laisser aux négociants le temps de vérifier précisément toutes les erreurs que les compagnies peuvent avoir commises à leur préjudice dans cette application si compliquée des tarifs ? — Beaucoup ne peuvent faire ce travail que l'année suivante après leur inventaire ; en ce moment d'ailleurs les chemins de fer sont de ce chef sous le coup de la prescription trentenaire, de sorte qu'un délai de deux ans semble à votre commission de nature à concilier tous les intérêts.

Cette réserve faite, nous pensons, comme la Chambre de commerce de Troyes, qu'il serait nécessaire d'imposer aux compagnies de chemins de fer comme obligations essentielles :

Le choix de l'itinéraire et l'application des tarifs les plus avantageux pour les propriétaires des objets à transporter;

La connaissance pleine et entière donnée à l'expéditeur des conditions dans lesquelles se fera l'expédition ;

L'emploi de lettres de voiture régulièrement dressées et portant au destinataire tous les renseignements qui lui sont nécessaires pour savoir ce qu'il fait quand il accepte les marchandises et qu'il paye le prix du transport.

Ces diverses obligations devraient être acceptées comme bases premières de toutes modifications.

Mais cela ne serait pas suffisant, et l'article 105 surtout demande à être modifié sinon abrogé. Si l'on juge utile de le conserver, le législateur devra préciser le sens et la por-tée qu'il convient d'y attacher, en limitant ses effets aux actions définies par les articles 103 et 104, ainsi que la ju-risprudence l'avait toujours compris avant l'établissement des chemins de fer : mais nous pensons que l'abrogation pure et simple de cet article 105, pour ce qui concerne les transports par chemins de fer, serait préférable. Il reste-rait aux compagnies la prescription de deux ans de l'article 108 modifié qui serait suffisant pour qu'elles ne soient pas exposées à des recours trop tardifs.

Comme conclusion, votre commission, Messieurs, pro-pose à la chambre d'émettre et de transmettre à qui de droit les vœux suivants :

« Que la législation sur les transports de marchandises « ou autres objets mobiliers soit révisée, modifiée et mise « en rapport avec les moyens employés comme avec les ha-« bitudes prises pour les transports par chemin de fer.

« Que les modifications qui seront introduites dans la « loi soient dans le sens qui vient d'être indiqué.

« Qu'au préalable le Gouvernement étudie ou fasse étudier

« la question par des hommes compétents, et que notam-
« ment l'article 105 du Code de commerce soit l'objet d'une
« attention toute particulière ; .

« Que par les soins du Gouvernement ou par l'initiative
« parlementaire qui appartient à Messieurs les Sénateurs
« et à Messieurs les Députés, un projet de loi soit soumis
« aux Chambres *le plus promptement possible* dans le but
« de réaliser les modifications nécessaires. »

Comme vous le voyez, Messieurs, ces conclusions dont
nous pouvons faire l'éloge, puisqu'elles sont celles de la
Chambre de commerce de Troyes, sont sages, prudentes,
mesurées ; elles laissent à ceux qui ont la mission si dif-
ficile de confectionner la loi le soin délicat de fixer les dé-
tails d'un travail qui n'est point de notre compétence.

Elles s'adressent également au gouvernement qui pos-
sède tous les renseignements pouvant justifier la mesure
que nous sollicitons, qui n'aura pour cela qu'à communi-
quer toutes les plaintes que ne cesse de formuler depuis
longtemps le commerce.

Chacune des délibérations que vous avez prises, les observations contenues dans le rapport de M. Gilbert,
sont autant de matériaux précieux pour cet important travail, et lorsqu'une législation nouvelle, bien appropriée aux
mœurs, aux habitudes, aux usages commerciaux d'aujour-
d'hui aura équitablement réglé les droits de chacun, vous
verrez, Messieurs, la paix succéder à la guerre, et tous

ceux qui auront coopéré à cette œuvre de justice et d'apaisement auront la satisfaction d'avoir rendu à ce que j'appellerai la grande famille des travailleurs un immense et signalé service.

Après la lecture de ce rapport, la Chambre adoptant les motifs qui s'y trouvent développés, en vote, à l'unanimité, les conclusions et déclare les convertir en délibération.

Elle décide que le rapport et la présente délibération seront adressés à M. le Ministre de la justice, à M. le Ministre de l'agriculture et du commerce et à M. le Ministre des travaux publics.

Pour extrait conforme au registre des délibérations :

Le Sénateur, président de la Chambre de Commerce,

EUGÈNE GOUIN.